Erfolgsspuren

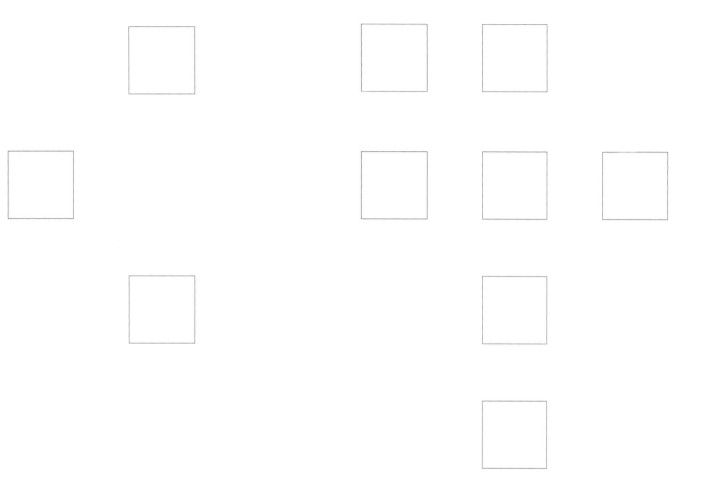

Ingrid Horn

Erfolgsspuren

Lebensporträts von Absolventen der Ulmer Fachhochschule

CIP-Kurzaufnahme der Deutschen Bibliothek

Horn, Ingrid

Erfolgsspuren

Lebensporträts von Absolventen der Ulmer Fachhochschule

ISBN 3-9810998-0-X
978-3-9810998-0-5

Herausgeber: Fachhochschule Ulm
Copyright: Fachhochschule Ulm (Selbstverlag)
Alle Rechte vorbehalten

Redaktion: CCM, Fachhochschule Ulm
Grafik und Satz: Nadja Wollinsky, CCM, Fachhochschule Ulm
Belichtung, Druck und buchbinderische Verarbeitung: Ebner & Spiegel, Ulm

Inhalt

Vorwort des Herausgebers — 6

Vorwort der Autorin — 7

Einleitung | Erfolg ist ein ganz persönliches Gut — 8

Auf der Suche nach spannenden Aufgaben | Jürgen Mohilo — 10

Erfolgreich agieren – für und gegen den Strom | Rainer F. Elsässer — 14

Kernspin – Kinder – Konkurrenz | Annette Gumbrecht — 18

Ein Konstrukteur mit Benzin im Blut | Kurt Karschin — 22

Die Chancen des Lebens ergreifen | Joachim Lang — 26

Bewährte Fähigkeiten neu gebündelt | Winfried Keppler — 30

Wenn der Ehrgeiz erwacht | Marco Senger — 34

Gewinnen – mit Disziplin und Verantwortung | Horst Simanek — 38

Studieren, um sich selbst zu finden | Joachim Tschira — 42

Leidenschaften ums Automobil | Othmar Welti — 46

Anhang | Zur Geschichte der Fachhochschule Ulm — 52

Anhang | Zur Person — 56

Vorwort des Herausgebers

Was macht eigentlich eine Hochschule aus? Die Gebäude, der Campus, die Labore, die Rechnernetze? Die Studiengänge mit ihren Lehrinhalten und Prüfungsordnungen oder das Hochschulgesetz und der Gobalhaushalt? Die Professoren und Mitarbeiter oder die Ente, die den Campus zu ihrem Domizil erkoren hat und alljährlich ihre Küken über den Innenhof führt?

All das gehört dazu, im Kern aber sind es die Studierenden, welche die Hochschule ausmachen. Sie ist geschaffen worden für den einen einzigen Zweck: den ihr zum Studium anvertrauten Menschen eine Basis zu geben, damit sie ihr künftiges Leben gestalten und ihren Beitrag zu unserer Gesellschaft leisten können.

Jeder einzelne aus der großen Zahl der Studierenden ist eine Persönlichkeit für sich, hat seine eigene Vorgeschichte, seine Talente, seine Wünsche und Ziele. Und jeder geht seinen eigenen Weg durch die Hochschule und setzt ihn später auf ebenso individuelle Weise fort. Wohin diese Wege führen, das ist für uns an der Hochschule eine spannende Frage, auf die wir aber selten umfassende Antworten bekommen. Einige dieser Lebenswege hat die Autorin verfolgen können, und sie sind in diesem Buch dargestellt – stellvertretend für Tausende, deren Wege wir nicht kennen.

Die hier aufgezeichneten Porträts von Absolventen machen auch unsere Hochschule zu einer Persönlichkeit, sie geben ihr ein Gesicht, viele Gesichter – die Gesichter einer Hochschule.

Achim Bubenzer

Vorwort

Das Buch enthält die Lebensskizzen von Menschen, die zweierlei gemeinsam haben: Zum einen haben sie alle ein Studium an der Fachhochschule Ulm, die 1960 als Staatliche Ingenieurschule gegründet worden ist, absolviert; zum anderen sind sie Mitglieder des Alumni-Netzes der Hochschule. Bei der Gründung dieses Netzes ist die Idee entstanden, die Lebenswege einzelner Mitglieder zu porträtieren und dabei auch ein wenig Forschung in eigener Sache zu betreiben. Was ist aus den ehemaligen Studierenden geworden? Wie hat das Studium ihren Lebensweg beeinflußt? Welche Lebensqualitäten haben sie für sich entwickelt?

Die skizzenhaften Porträts sind erstmals im Internet publiziert worden. Sie basieren auf Gesprächen, die ich mit den einzelnen Personen in den Jahren zwischen 2003 und 2005 geführt habe. Diesen Alumni gilt mein Dank, daß sie bereit waren zu einem offenen und ungeschminkten Dialog.

Mit Nadja Wollinsky hatte ich Ende 2003 eine Mitstreiterin gefunden, die ihr ganzes Können als Fotografin und Mediengestalterin in das Projekt einbrachte. Ihr Auge für das persönliche Detail hat der vorliegenden Fassung dort, wo es die Umstände erlaubten, eine eigene Anmutung verliehen. Danken möchte ich auch Dorothee Zengerling-Mack, die als Leiterin des Alumni-Büros mich bei der Suche nach geeigneten Interviewpartnern unterstützte.

Daß die Porträts nun auch als Buch erscheinen, erfüllt mich mit einem gewissen Stolz. Für diese Möglichkeit bin ich dem amtierenden Rektor und Ersten Vorsitzenden des Alumni-Netzes, Professor Dr. Achim Bubenzer, besonders dankbar. Wer das Buch liest, sollte es mit einer gewissen Hingabe tun, denn Skizzen sind immer etwas Unvollständiges; sie lassen Raum für Erinnerung und Reflexion.

Ingrid Horn
Im März 2006

Erfolg ist ein ganz persönliches Gut

Ein erfolgreiches Leben ist etwas, was alle Eltern ihren Kindern wünschen. Hierfür durch entsprechende Erziehung und Ausbildung den Grundstein zu legen, ist eines ihrer höchsten Ziele. Erfolg ist etwas, was Unternehmensberater verheißen, wenn sie eine Persönlichkeitsentwicklung fordern, die dem Anforderungsprofil der Wirtschaft entspricht. Legt man eine Meßlatte in Cent und Euro an, läßt sich Erfolg leicht berechnen. Der Return of Invest ist um so größer, je höher das Einkommen und je geringer die Anfangsinvestition ist. Doch solchen simplen Gleichungen folgt das Leben nicht.

Erfolg im Leben läßt sich nicht einfach aus Soll und Haben bilanzieren und erst recht nicht auf monetäre Einheiten reduzieren. Sein Facettenreichtum ist überwältigend, wie mir die Begegnungen mit den hier porträtierten ehemaligen Studierenden der Ulmer Fachhochschule gezeigt haben. Erfolgsspuren habe ich diese Reihe von Lebensskizzen genannt, weil sich mit dem Begriff Spuren etwas Ungewisses verbindet. Diese Spuren lassen sich nur richtig deuten, wenn man nach weiterreichenden Antworten auf die Frage sucht: Was eigentlich ist Erfolg?

Zweifellos kann Wohlstand ein Zeichen für beruflichen und gesellschaftlichen Erfolg sein. Aber ist nicht auch jener erfolgreich, der den Glauben an sich selbst nicht verliert, wenn eine abenteuerliche Schulkarriere die Lebensperspektive zu verdüstern droht? Und wie ist es mit jenem, der anstatt ein festes Berufsziel vor Augen den geistigen Reichtum der Welt exploriert? Erfolg ist es doch wohl auch, wenn es mir gelingt, den eigenen Ehrgeiz zu zügeln, um mich für ein übergeordnetes höheres Gut engagieren zu können. Diese und andere Erfolgsaspekte finden sich in den Lebensskizzen wieder. Aus ihnen wage ich abzuleiten, daß Erfolg eine individuelle Zielsetzung voraussetzt und damit zu einem ganz persönlichen Gut wird.

Sich Ziele zu setzen und sie konsequent zu verfolgen, ist eine Eigenschaft, die manch jungem Menschen nicht unbedingt in die Wiege gelegt wird. Oftmals – und auch das zeigen die Porträts – braucht es einen Anstoß von außen. Ein Impuls, der die Lethargie verscheucht, die Bequemlichkeit überwindet und aus gewohnten Bahnen ausbrechen läßt, liefert den entscheidenden Motivationsschub für die Leistungsbereitschaft und Persönlichkeitsentwicklung. Manchmal ist es ein Schlüsselereignis, häufiger sind es Personen, die das schlummernde Potential erkennen und als Onkel, Freundin oder Ausbilder den richtigen Satz zum richtigen Zeitpunkt in die Waagschale werfen. Und manch einer, den es betrifft, braucht fast ein Vierteljahrhundert, bis er diese wichtige Lebenswendung erfährt.

Wer will, kann in den Porträts, in denen zwar naturgemäß der berufliche Erfolg im Vordergrund steht, vielfältige Antworten auf die aufgeworfene Kernfrage finden. Keineswegs verlaufen die Erfolgsspuren gradlinig, sondern führen die heutigen Ansätze von früher leistungsorientierter Selektion im Bildungswesen ein Stück weit ad absurdum. Wenn heute deutsche Hochschulen glauben, beispielsweise die Einstiegslatte für einen Master of Business Administration an der Abschlußnote des Grundstudiums festmachen zu müssen, ist das eine sehr enge Sicht von Qualitätssicherung. Für manch einen der Abgewiesenen kann dann die Alternative Oxford oder Harvard heißen.

Kein Zufall ist es, daß sich unter den Porträtierten nur eine Frau und Mutter befindet. Informatik und insbesondere Ingenieurwissenschaften sind auch heute noch eine Domäne des männlichen Geschlechts, und sie waren es gestern erst recht. Rein rechnerisch gesehen, dürfte sich die Gesamtzahl der Absolventinnen an der Ulmer Fachhochschule in den klassischen Ingenieurdisziplinen wie Maschinenbau und Produktionstechnik bei einer Quote von circa fünf Prozent um die Zahl 600 bewegen. Dennoch hatte ich nicht erwartet, daß sich bei 10 bis 15 Absolventinnen pro Jahr die Suche nach Interviewpartnerinnen so schwierig gestaltete. Im Gegensatz zu den männlichen Absolventen war kaum eine Frau bereit, sich dem Gedanken zu öffnen, ihre eigene Persönlichkeitsentwicklung zu offenbaren und vielleicht so zum Beispiel, Vorbild oder zur Leitfigur für Frauen mit und ohne berufliche Ambitionen zu werden. Über die Gründe für diese Scheu läßt sich vortrefflich fachsimpeln und spekulieren, was hier nicht meine Aufgabe ist. Von einem bin ich jedoch aufgrund meiner vielen Begegnungen und Interviews mit Menschen unterschiedlichster Couleur überzeugt: Erfolgsspuren ließen sich bei jeder Frau finden!

Welchen Anteil ein Studium am persönlichen Gut Erfolg hat, ist schwer abschätzbar. Das ist auch nicht der Zweck der hier mehr zufällig als systematisch zusammengestellten Lebensskizzen. Für die berufliche Entwicklung der Porträtierten war das Studium zweifellos eine wichtige Voraussetzung; für die persönliche war es vielfach so etwas wie ein Schulung der eigenen Wahrnehmung und das Entdecken von Veranlagungen, für deren Schliff letztlich viele Lebenseinflüsse verantwortlich sind.

Jürgen Mohilo

Studium Technische Informatik 1970-73
Index-Werke Esslingen
AEG Ulm
Hewlett Packard Böblingen
Technischer Direktor Telefunken Systemtechnik Ulm
Leiter Vorstandsprojekt Mobilisierung DASA München
Vorsitzender der Geschäftsführung Zeiss Elektro-Optronic
Leiter Personal DaimlerChrysler Wörth

seit 2002
Vorstandsmitglied DaimlerChrysler Financial Services Berlin

Auf der Suche nach spannenden Aufgaben

Man merkt es sofort: der große, stattliche Mann mit der schwungvollen markanten Barttracht ist durchsetzungsstark. Früh hat Jürgen Mohilo, dessen Schreibtisch heute in der Vorstandsetage der DaimlerChrysler Services am Potsdamer Platz in Berlin steht, seine Eltern wissen lassen, daß er niemals Zahnmediziner wie sein Vater werden wird. Vielmehr begeisterte ihn ein Onkel, der ein Unternehmen für Meß- und Regelungstechnik besaß, bereits als Pennäler für das Technisch-Praktische. Und per Zufall stieß der Abiturient auf ein Angebot der Fachhochschule Ulm, die als erste deutsche Hochschule 1970 den Studiengang Informatik einführte.

"Neu" ist für den gebürtigen Ulmer immer noch ein attraktives Reizwort, verbirgt sich doch dahinter Unerwartetes, Erkundbares und Kreatives gleichermaßen. Gerade die Breite des Studiums und sein Praxisbezug habe ihm den Zugang zu neuen Feldern in seiner beruflichen Laufbahn stets erleichtert, meint Jürgen Mohilo heute. Den Versuch, nach dem Examen das Informatik-Studium an der TU Berlin fortzusetzen, hatte er dann auch wegen mangelnden Mehrwertes schnell abgebrochen.

Der Einstieg ins Berufsleben führte über die Einstellung bei einem klassischen Maschinenbauer in Esslingen, bei dem Jürgen Mohilo mit dem Aufkommen numerisch gesteuerter Werkzeugmaschinen sein an der Ulmer Fachhochschule erworbenes Wissen und Können richtig unter Beweis stellen konnte. Ende der 70er Jahre ging er dann als Leiter der Abteilung für Technische Datenverarbeitung zu AEG nach Ulm, deren wechselhafte Firmengeschichte er mit durchlebte.

"Interkulturelles Management ist eine persönliche Herausforderung."

Einmal reizte ihn ein Seitensprung zu Hewlett Packard als Verkaufsleiter, um etwas Neues auszuprobieren, doch Dr. Gerhard Jäger, seinerzeit Geschäftsführer des Radarbereiches der AEG in Ulm, holte ihn schnell wieder zurück ins Glied und erweiterte schrittweise seine Führungsverantwortung bis zum Chef der Datenverarbeitung.

Als Anfang der 90er Jahre aus der AEG die Telefunken Systemtechnik hervorgegangen war, stand Jürgen Mohilo vor den schmerzlichsten Erfahrungen in seiner beruflichen Karriere. Mittlerweile Direktor des Fachbereichs Technik lag es in seiner Verantwortung, den wirtschaftlich erzwungenen Stellenabbau durchzuführen, Outsourcing-Konzepte umzusetzen und so die Mitarbeiterzahl von damals 2500 zu halbieren. Er und seine Mannschaft hätten diese ausgesprochen schwierige Phase zwar mit Anstand bewältigt, aber er möchte sie in ihrer Trostlosigkeit nicht noch einmal erleben, so seine Einschätzung heute.

Dennoch war Mohilos Arbeit so hervorragend, daß Jürgen Schrempp als Vorstandsvorsitzender der DASA auf den Ulmer aufmerksam wurde und ihn mit der Leitung eines neuen spannenden Vorstandsprojektes betraute. Die DASA als multinationaler Konzern hatte Integrationsprobleme und setzte auf Mohilos Erfahrung und Findigkeit, im Dschungel unterschiedlicher Unternehmensphilosophien und -kulturen Wege zu gestalten, die sicherstellten, daß die Vorstellungen des Konzernvorstandes umgesetzt wurden. Interkulturelles Management hieß die neue Facette, um die Jürgen Mohilo nun seinen Erfahrungsschatz bereicherte.

Als Vorsitzender der Geschäftsführung führte er anschließend eine Joint-Venture-Unternehmung zwischen DASA und Zeiss, Oberkochen, aus der Krise und verkaufte sie hochprofitabel. Danach ging es in den Nutzfahrzeugbereich von DaimlerChrysler, wo er im größten LKW-Produktionswerk Europas in Wörth bei Karlsruhe die Personalverantwortung übernahm.

Der Galopp durch die Führungsetagen der Töchter des Konzerns hat ihn nun zum Finanzdienstleister DaimlerChrysler Services nach Berlin geführt, wo er als Vorstandsmitglied für die Ressorts Personal und Information Technology Management verantwortlich ist.

Spitzenmanager wie Jürgen Mohilo brauchen Gegenpole. Für den 54-jährigen ist es seine Familie, die in all den wechselhaften Jahren sein schwäbisches Refugium geblieben ist. Wenn er an den Wochenenden aus Berlin in den Ulmer Raum kommt, freut er sich auf Frau und Töchter, die kulturellen heimatlichen Kontakte und auf einen Ausflug mit seiner Harley Davidson. Man merkt es sofort: ein Mann, der gleichermaßen überzeugt – durch Dynamik und durch ein besonderes Maß an Ausgeglichenheit.

Das Interview führte die Autorin im Januar 2004.
Fotos: privat (S. 10), Nadja Wollinsky (S.13).

Rainer Frank Elsässer

Maschinenbauschlosser
Studium Maschinenbau 1964-67
Projektleiter Fichtner-Gruppe
Vorsitzender der Geschäftsführung Fichtner-Gruppe
Ehrensenator Universität Stuttgart
Vorstandsmitglied Bayernwerk
Honorarprofessor Universität Stuttgart
Vorstandsmitglied E.ON Energie

Erfolgreich agieren – für und gegen den Strom

Brienner Straße 40 – dort, wo München sich zu seiner feudalen Vergangenheit bekennt, ist Rainer Frank Elsässer seit der Jahrtausendwende beruflich zu Hause. Als Vorstandsmitglied der E.ON Energie lenkt er die Geschicke des größten privaten Energiedienstleistungsunternehmens Europas. Daß der Weg an die Spitze eines Großunternehmens kein gradliniger war, bekennt der gebürtige Stuttgarter ohne Umschweife. Vielleicht war es gerade sein Lebensbekenntnis, das ihm bereits in jungen Jahren die schwersten Steine in den Weg warf: Offen der Welt entgegentreten und die persönlichen Grenzen ausloten – ob als Schüler, Ingenieur oder passionierter Jäger.

An das Gymnasium, das er vorzeitig verlassen mußte, weil er das schulische „Korsett" sprengte, schloß sich die Lehre zum Maschinenbauschlosser in Stuttgart an. Sie gab ihm das solide Fundament für die persönliche Weiterentwicklung, für den Antrieb, alles Versäumte nachzuholen, um schließlich an der Fachhochschule Ulm Maschinenbau studieren zu können. Noch heute schwärmt Rainer Elsässer von der Staatlichen Ingenieurschule Ulm, wie die Fachhochschule damals hieß, mit ihren hellen Räumen und den technisch hochwertig ausgestatteten Laboren. Gerade richtig für den dynamischen jungen Mann, der sich in seinen Ulmer Jahren nicht nur auf das Studieren beschränkte.

"Ein gesundes Maß an Respektlosigkeit ist förderlich."

Natürlich habe ihm das Fachhochschul-Studium eine zukunftsfähige fundierte Ausbildung gegeben, aber ebenso wichtig sei ihm das kulturelle studentische Leben gewesen, bekennt der heute knapp 60-jährige freimütig. Zunächst als Kulturreferent und später als erster AStA-Vorsitzender hatte er dabei kräftig mitgewirkt. Zu seinen Glanzleistungen – neben dem preisgekrönten Studienabschluß – zählt er denn auch Bau und Einrichtung des Sauschdall, eines noch heute weit über die Grenzen Ulms hinaus bekannten Jazzkellers. Dort ließ er nicht nur die Dutch Swing College Band aufspielen – nein, er feierte auch die Hochzeit mit seiner ersten Frau in dieser für damalige Verhältnisse revolutionären Umgebung.

Es mag wie ein Widerspruch erscheinen, daß Rainer Elsässer anschließend fast dreißig Jahre seinen beruflichen Mittelpunkt in Stuttgart fand. Als er 1967 in die damals 50 Mitarbeiter zählende Ingenieur-Gesellschaft Fichtner als Projektleiter eintrat, war nicht abzusehen, daß er sie einmal fünfzehn Jahre lang als Vorsitzender der Geschäftsführung leiten würde. Die Berufung in den Vorstand der Bayernwerk AG kam für ihn dann eher überraschend und dennoch zur rechten Zeit. In Stuttgart hatte er seinen beruflichen Zenit erreicht; die Fichtner-Gruppe zählte inzwischen mehr als tausend Mitarbeiter und war damit zum größten deutschen Ingenieurdienstleister herangereift. Mit dem Eintritt in ein Großunternehmen wie der Bayernwerk AG tat sich für ihn eine neue Dimension beruflicher Herausforderung auf. Statt autokratischem Handeln waren Anpassung und Diplomatie gefragt, denn Gremienarbeit stand von nun an im Vordergrund. Und das um so mehr, als es in dieser Zeit im Energiesektor um die Wandlung des Marktes vom Monopol zum Wettbewerb ging. Die Fusion der Bayernwerk AG mit der Preussen Elektra zur E.ON Energie war in Elsässers Augen ein Kraftakt, der mehr forderte, als er es sich vorgestellt hatte. Um so mehr ist er heute stolz auf seinen Beitrag zum erfolgreichen Gelingen dieses Vorhabens.

Doch auch ein Top-Manager der deutschen Industrie hat seine privaten Seiten. Rainer Elsässer lebt sie als Großvater, Jäger und Hochschullehrer. Auch hier bewegt er sich im Spannungsfeld von Ratio und Irratio oder gar Emotio. Als passionierter Jäger zieht er sich zur Regeneration gerne in sein Jagdrevier im ländlichen Franken zurück, scheut aber auch nicht die gelegentliche Konfrontation mit exotischem Großwild in Afrika oder Alaska.

Das Ausloten von Grenzen, ein gewisses Maß an Respektlosigkeit also, schätzt er heute noch. Gerade das macht aus seiner Sicht seine Lehrtätigkeit an der Universität Stuttgart, die ihm die Ehrenprofessur verliehen hat, so interessant. Dort hatte er 1983 den ersten englischsprachigen postgraduierten Master-Kurs „Infrastructural Engineering" mit Schwerpunkten bei den technischen Infrastruktursystemen mit aufgebaut. Die Vorzeichen haben sich jedoch inzwischen umgekehrt: Heute sind es die Studierenden, die ihm respektlos gegenübertreten. Er genießt diesen Gegensatz zu seinem beruflichen Alltag, wo er aufgrund seiner herausgehobenen Position seltener Widerspruch erfährt. Rational zu handeln und dabei offen zu sein für Unberechenbares ist seine Lebensphilosophie und sein persönlicher Weg zum Erfolg. Gerne gesteht Rainer Frank Elsässer dieses Privileg auch der jungen nachwachsenden Generation zu.

Das Interview zum Porträt führte die Autorin im Januar 2003. Mittlerweile ist Professor Rainer Frank Elsässer aus dem Vorstand von E.ON Energie ausgeschieden und lebt in München im (Un-)Ruhestand. Fotos: privat.

Annette Gumbrecht

Abitur
Studium Technische Informatik 1974-78
Software-Ingenieurin bei AEG Telefunken
Software-Entwicklerin bei SIEMENS Medical Solutions
Erziehungsurlaub 1989

Wiedereinstieg SIEMENS Medical Solutions 1992

Kernspin
Kinder
Konkurrenz

Das Faible für Mathematik war ihr offenbar angeboren, denn Annette Benzing, wie sie damals hieß, wollte als junges Mädchen unbedingt die Mathematik zum Beruf machen. Die Wahl war Mitte der 70er Jahre nicht einfach, wenn man nicht gerade Lehrerin werden wollte. Doch schlechte Berufsaussichten konnten sie, die ihrem Vater, einem erfolgreichen Maschinenbau-Ingenieur, nacheiferte, nicht von ihrem Ziel abbringen. Den Gordischen Knoten zum Platzen brachte schließlich die Empfehlung der Berufsberatung, Informatik zu studieren, ein hochmodernes Fachgebiet, bei dem man ohne mathematisches Verständnis nicht auskam und dessen berufliche Aussichten phänomenal waren.

Irgendwie war die gebürtige Stuttgarterin, die in Giengen aufgewachsen war, von dem Vorschlag elektrisiert, obwohl ihr Computer wie Informatik bislang gänzlich unbekannt waren. Mit dem Zug war sie jedoch schnell in Ulm, und an der dortigen Fachhochschule, die den Studiengang Technische Informatik anbot, machte sie sich schlau. Ihrem Entschluß folgten die problemlose Zulassung zum Studium, zielstrebige Studienjahre und ein exzellentes Examen. Und doch war das Ganze auch in anderer Hinsicht Neuland: Sie war und blieb als Informatikerin eine Exotin, während des Studiums an der männerdominierten technischen Hochschule ebenso wie später im Beruf.

"Den **Ehrgeiz** *meiner Kollegen habe ich unterschätzt."*

Als Frau durch Leistung zu überzeugen, ist heute noch ihre Devise, auch wenn sie sich inzwischen eingesteht, daß es für die große Karriere mehr braucht. Bei AEG Telefunken in Ulm startete die frisch gebackene Informatikerin ins Berufsleben. Begeistert entwickelte Annette Benzing Systeme für die zivile Flugsicherung, insbesondere für den Flughafen Brüssel, wo sie selbst Fluglotsen schulte. Als stellvertretende Projektleiterin hatte sie die erste Karrierestufe bereits erklommen, als die wirtschaftliche Situation für AEG schwierig wurde.

An militärischen Projekten, die zunehmend die zivilen verdrängten, mochte die überzeugte Pazifistin nicht arbeiten, weswegen die Zeit reif war für einen Wechsel. SIEMENS in Erlangen bot mit der Entwicklung des ersten Kernspin-Tomographen eine faszinierende Aufgabe, und Annette Benzing stieg in ein junges Entwickler-Team ein. Mit der Zeit erkannte sie, daß ihre männlichen Mitstreiter ihre schärfsten Konkurrenten um den beruflichen Aufstieg waren. Sie, die Leistungsstarke, hätte sie gerne gemacht, die "Karriere", doch mittlerweile verheiratet, entschied sie sich bewußt für eine Familie mit Kindern und für Erziehungsurlaub!

Als ihre beiden Kinder in den Kindergarten kamen, wollte Annette Gumbrecht es noch einmal wissen und bewährt sich seitdem jeden Tag aufs Neue beim Spagat zwischen Kernspin und Kindererziehung. Die Karriereplanung mußte sie jedoch ihrem Mann überlassen, da sie ihren eigenen beruflichen Ambitionen seit dem Wiedereinstieg nur noch halbtags nachgeht.

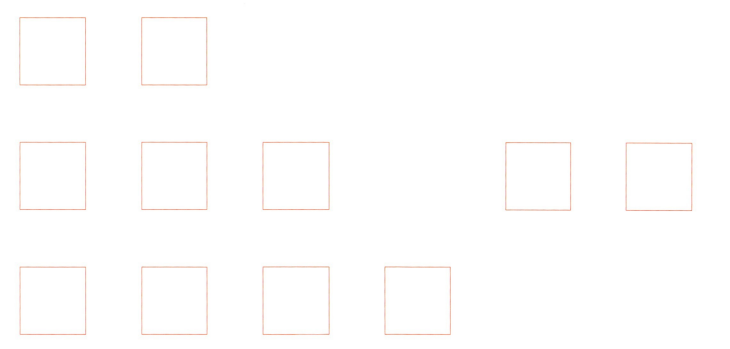

Sie weiß mittlerweile sehr wohl, daß diese Entscheidung für eine Karriere in der Industrie der Todesstoß ist. Wer nur vormittags arbeitet wie sie, kann keine Netze spinnen, weder beim Gespräch in der Mittagspause noch bei den diversen Sitzungen, die in aller Regel nachmittags stattfinden. Wer die Kindererziehung selbst in die Hand nimmt, die Halbwüchsigen täglich zum Reiten fährt und bei den Turnieren betreut, die Familie versorgt, ist eben für ein Unternehmen nicht 24 Stunden am Tag verfügbar. Und wer zu lang auf demselben Gebiet vorzügliche Arbeit leistet, ist aus Sicht des Vorgesetzten nicht ersetzbar.

Und dennoch – die temperamentvolle, schlanke 50-Jährige hat nichts bereut. Sie arbeitet nach wie vor gerne in ihrem Beruf als Software-Entwicklerin. Ab und zu gönnt sie sich eine schöpferische Pause von all ihren persönlichen Verpflichtungen, sei es beim gemeinsamen Golfspielen mit ihrem Mann oder beim Musizieren. Die Musik als Quelle der Kraft hat Annette Gumbrecht, die aus einem musikalischen Elternhaus stammt, schon früh zu nutzen verstanden. Während ihre Kommilitonen im Sauschdall, dem legendären Jazzkeller der Ulmer Fachhochschule, Abwechslung suchten, zog sie ein innigeres instrumentales Verhältnis vor und ließ ihr Cello im Giengener Kammerorchester erklingen.

Das Interview zum Porträt führte die Autorin im August 2004. Fotos: Nadja Wollinsky.

Kurt Karschin

Werkzeugmacher
Fachhochschulreife
Studium Leichtbau 1980-83
Konstrukteur bei Porsche und Daimler-Benz
Entwicklungsleiter bei Keiper-Recaro
Gründung von Karschin + Mayer 1990
Abteilungsleiter Keiper-Recaro/Recaro

seit 2004
Senior Program Manager Recaro/Japan

Ein Konstrukteur mit Benzin im Blut

Porsche, Mercedes und immer wieder Recaro – Wechsel zur Beständigkeit ist offensichtlich ein Markenzeichen von Kurt Karschin, der seit gut einem Jahr die Entwicklungsabteilung von Recaro, dem württembergischen Hersteller von Auto- und Flugzeugsitzen, in Japan ausbaut. Seine Verbundenheit mit der Automobil-Industrie müsse etwas mit Benzin im Blut zu tun haben, so der bodenständige Württemberger, der selbst ein passionierter Motorradfahrer ist, scherzhaft. Familiär ist er jedenfalls nicht vorbelastet. Im großelterlichen Bäcker-Haushalt aufgewachsen, entwickelte er quasi als Kontrastprogramm eine gewisse Vorliebe für Metall, weshalb für ihn eigentlich nur ein mechanischer Beruf in Frage kam.

Ein Aufnahmetest bei Daimler-Benz endete mit der Empfehlung zur Werkzeugmacher-Lehre, die er im Werk Köngen des Stuttgarter Automobilbauers begann. Nach erfolgreichem Abschluß sammelte er dort erste Berufserfahrungen im Modellbau als Fräser und Formenbauer.

Während seiner Bundeswehrzeit reiften Überlegungen, sich weiterzuqualifizieren, weshalb der damals 23-jährige unmittelbar nach dem Wehrdienst die Fachhochschulreife erwarb. Die Karosserien der schnittigen schwäbischen Automobile hatten es ihm angetan; so wählte er als Studium an der Fachhochschule Ulm Fahrzeugtechnik mit dem Schwerpunkt Karosserie- und Fahrzeugbau.

"Meine Bindung ans Schweißlabor ist *lebenslänglich!*"

Seine anfänglichen Schwierigkeiten mit den Fächern Mathematik und Physik waren bald vergessen, als im Hauptstudium Fahrzeugtechnik und Technische Mechanik an Bedeutung gewannen. Karosserien aus Aluminium waren damals im Kommen und schweißtechnisch gesehen eine gewisse Herausforderung. Karschins Diplomarbeit beschäftigte sich trendgemäß denn auch mit dem Buckelschweißen bei Aluminiumtüren, einer Art Punktschweißen, bei dem die Geometrie der Schweißpunkte vorgefertigt ist. Als Hochschullehrer hatte ihn besonders Professor Dr.-Ing. Volkmar Schuler beeindruckt, der das Labor für Schweißtechnik leitete und bei dem er den Schweißfachingenieur erwarb. Noch heute pflegt er diese Beziehung, wann immer sich ihm eine Gelegenheit dazu bietet.

Die Nachfrage nach Ingenieuren boomte, als Kurt Karschin die Hochschule mit dem Diplom in der Tasche verließ und unmittelbar zu Porsche ging. Dort war er an der Karosserie-Entwicklung eines Kleinbusses von Mercedes sowie an der Entwicklung des klappbaren Heckspoilers für den legendären 911er beteiligt. Das Arbeiten an einem fünf Meter langen Zeichenbrett kenne heute wohl keiner mehr, meint er rückblickend: das Zeichnen aller drei Ansichten inklusive das Austragen der Kurven ohne die heute üblichen CAD-Techniken.

Nach einem Intermezzo bei Daimler-Benz in Sindelfingen wechselte Kurt Karschin zu Keiper-Recaro in Kirchheim. Recaro ist das Nachfolgeunternehmen von Reuter-Karosseriebau, die damals die Karosserie des Porsche 356, der Urversion des weltweit begehrten Sportwagens, entwickelte. Und von da an wird Recaro für ihn eine Art berufliche Rückversicherung.

Das Aufkommen der Stereolithographie im Modellbau entfachte bei dem leidenschaftlichen Konstrukteur neues Feuer und Risikobereitschaft: Mit einem Kollegen gründete er das Ingenieurbüro Karschin + Mayer. Die Zeichen für den Sprung in die Selbständigkeit standen günstig. Der Markt für diese erste Form von Rapid Prototyping war vorhanden, die Anzahl der Mitbewerber gering. Und dennoch scheiterte er. "Wir waren zu unerfahren im Umgang mit Kunden und zu blauäugig gegenüber den Banken – und last but not least war die Technik unausgereift", so Kurt Karschin heute. Inzwischen bewertet er diese berufliche Station als teure Fortbildung in Sachen Betriebswirtschaftslehre.

Der Kontakt zu Recaro war in dieser Zeit nie abgerissen, weshalb ihm der Wiedereinstieg in das Unternehmen problemlos gelang. Mehr als ein Jahrzehnt leitete er dort verschiedene Abteilungen und schließlich den gesamten Entwicklungsbereich. Zwischenzeitlich stellte er sein Können und Wissen auch anderen Unternehmen zur Verfügung – bis Recaro wieder rief und ihn für eine neue berufliche Herausforderung gewann. Seitdem hat Kurt Karschin als Senior Program Manager in Japan ein zweites Zuhause. In der japanischen Kleinstadt Yokaihichi trainiert er das Entwicklungsteam und die Programm-Manager, um sie für kommende Aufgaben fit zu machen.

Das Spannende daran: Er durchlebt tagtäglich die Kluft zwischen der an deutschen Standards orientierten Unternehmensleitung und dem ausschließlich aus Japanern bestehenden mittleren Management. Japaner zeigten wenig Bereitschaft zur Dokumentation ihrer Arbeit und handelten nur nach Anweisung, so seine persönlichen Erfahrungen.

In seiner Freizeit erkundet Kurt Karschin per Fahrrad das Land und setzt sich mit Sprache und Kultur auseinander. Die neun Formen, welche die japanische Sprache für das Wort "ich" kennt, und die Bedeutung, die Visitenkarten im zwischenmenschlichen Umgang beigemessen wird, sind für ihn deutliche Zeichen für die komplexe Vielschichtigkeit des japanischen Selbstverständnisses.

Auch für seine Familie, die er als Hobby-Fotograf an seinen Erkundungen teilhaben läßt, ist der Wandel zwischen zwei Welten Bereicherung. Und erste Zeichen einer gewissen Begeisterung bei der jungen Generation am Arbeitsumfeld des Vaters lassen auf eine Kontinuität in der Berufswahl hoffen – vielleicht sogar mit einem Start an der Fachhochschule Ulm.

Das Interview zum Porträt führte die Autorin im April 2005. Fotos: Nadja Wollinsky

Joachim Lang

Feinmechaniker
Studium Feinwerktechnik 1981-85
ASTA/USTA Vorstand
Konstrukteur und Projektleiter
Niederlassungsleiter
Gründung von euro engineering 1994
Vorsitzender der VDI-Ortsgruppe Donau-Iller

Gründung der consens-group 2001

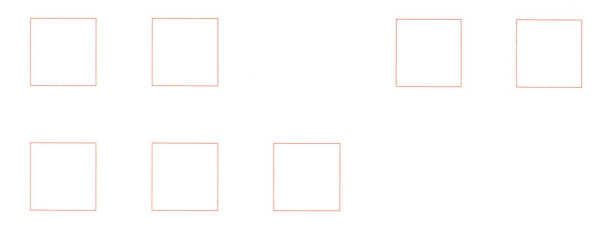

Die Chancen des Lebens ergreifen

Von Null auf 350 Mitarbeiter in nur fünf Jahren lautet die erfolgreiche Bilanz für jenes Unternehmen, das Joachim Lang zwischen 1994 und 1999 sein Eigenes nannte. Die euro engineering Lang & Keppler GmbH mit Sitz in Ulm zählte als Ingenieur-Dienstleister der besonderen Art zu den erfolgreichen jungen Unternehmen ihrer Zeit. Das Erfolgsrezept läßt sich umschreiben mit Fachwissen, Fleiß und Fortune und fußte auf Projektmanagement, hochqualifizierten Mitarbeitern und gezielter Weiterbildung.

Schnell hatte sich das Unternehmen im süddeutschen Raum einen Namen gemacht. Die Dynamik, die der gelernte Feinwerkmechaniker gemeinsam mit seinem Partner Winfried Keppler entfaltete, schien vor dem gesamtdeutschen Markt nicht haltmachen zu wollen. In der DIS AG sahen die beiden Geschäftsführer schließlich einen potenten Partner, das Ziel anzugehen. Sie verkauften euro engineering an die DIS AG mit der Perspektive, gemeinsam die Marktführerschaft in Deutschland zu erringen.

Ihr Vorhaben gelang, aber Joachim Lang, die Selbständigkeit in der Leitung eines Unternehmens gewöhnt, tat sich schwer in der Rolle des angestellten Geschäftsführers. Zu unterschiedlich waren die Unternehmensphilosophien, als daß er auf Dauer die Fusion mittragen wollte.

"Manche Konsequenzen sind schmerzhaft."

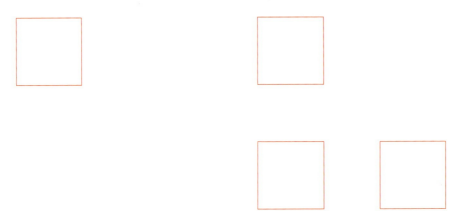

Gemeinsam mit Winfried Keppler schied er 2001 aus dem Unternehmen aus. Der Schritt war ihm nicht leicht gefallen, und er hatte herbe Worte seiner Mitarbeiter einstecken müssen. Doch heute, nach gut zwei Jahren, ist er sich sicher, das Richtige getan zu haben.

Die Neubesinnung mit Anfang Vierzig rückte andere Lebensaspekte in den Vordergrund: die Familie, das Fliegen und die Begeisterung, neue Netze zu knüpfen. Aus seiner Tätigkeit als VDI-Vorsitzender und seiner Verbundenheit zur Fachhochschule Ulm gab es genügend Kontakte. Das Organisieren und das Kommunizieren hatten Joachim Lang schon immer gelegen; seine ersten Erfahrungen auf diesem Gebiet sammelte er als AStA-Vorsitzender.

Die Kontakte zur Fachhochschule Ulm hatte er seinerzeit auch zur Entwicklung von euro engineering genutzt. Das Gründungskonzept entstand unterstützt durch Professor Dipl.-Volkswirt Volkmar Liebig und die Zertifizierung nach ISO 9001 in Zusammenarbeit mit dem TQU von Professor Dr.-Ing. Jürgen Bläsing. Warum nicht auch ein Mal etwas zurückgeben? Er zögerte daher nicht lange, als ihn der Rektor in die Kommission zur Entwicklung des Leitbildes der Hochschule berief.

Doch ohne berufliche Perspektive mochte Joachim Lang auf Dauer nicht bleiben. Neben der aktiven Mitarbeit im VDI, der Betreuung von Start-Up-Unternehmen, sowie der Tätigkeit als Aufsichtsratsvorsitzender der INGENICS AG gründete er ein eigenes Beratungsbüro und spezialisierte sich auf die Weitergabe seines Knowhows zum Thema erfolgreiche Unternehmensführung. Hierzu gehören auch die Entwicklung neuer Produkte auf der Basis einer Ideenwerkstatt und das Headhunting, wofür er als aktiver Netzwerker beste Voraussetzungen hat.

Mit drei Mitarbeitern und einem kompetenten Netzwerk an erfahrenen Managern und Beratern von vorne zu beginnen, sieht er als eine neue Chance für die eigene Lebensgestaltung und als Motivationsschub. Und er gibt unumwunden zu, Glück gehabt zu haben: das Glück des Tüchtigen beim Aufbau von euro engineering und die Gunst einer sanften Landung zum Neubeginn.

Das Interview zum Porträt führte die Autorin im Januar 2003. Fotos: privat (S. 26), Nadja Wollinsky (S. 29)

Winfried Keppler

Werkzeugmacher
Studium Medizintechnik und Maschinenbau 1985-90
Assistent und Stellvertreter von Joachim Lang
beim Ingenieurdienstleister Ferchau
Gründung von euro engineering 1994

Gründung von engineering people 2003

Bewährte Fähigkeiten – neu gebündelt

Sie waren lange Zeit ein erfolgreiches Team: Winfried Keppler und sein ehemaliger Vorgesetzter und späterer Geschäftspartner Joachim Lang. Nach dem Wechsel aus ihrer gemeinsamen Tätigkeit bei einem bundesweit tätigen Ingenieurdienstleister gründeten sie ihr Unternehmen euro engineering mit Sitz in Ulm. Die Firma entwickelte sich in den 90er Jahren zu einem leuchtenden Stern am Firmament der deutschen Start-Ups. 1999 als Dienstleister des Jahres durch das Wirtschaftsministerium des Landes Baden-Württemberg ausgezeichnet, suchten sie für die weitere Entwicklung ihrer Geschäftsfelder den Schulterschluß mit einem noch Größeren im Markt.

Keppler, der als Gesellschafter und Geschäftsführer von euro engineering die Verantwortung für Marketing und Vertrieb trug, erkannte schnell, welches Dilemma daraus für ihn persönlich erwuchs. Die Unterordnung unter eine Konzernstrategie fiel schwer. Er und sein Partner verkauften ihre Anteile und schieden aus dem inzwischen als hundertprozentige Tochter der DIS AG geführten Unternehmen euro engineering aus.

Höhen und Tiefen auf seinem Karriereweg ist Winfried Keppler gewohnt. Und wenn man mit ihm darüber spricht, hat es den Anschein, daß die weniger freudigen Erlebnisse in Schule und

"Eine solide Basis fördert den Neubeginn."

Studium seine eigene positive Grundhaltung in keinster Weise beeinträchtigt haben. Als Sohn eines evangelischen Pfarrers in Stuttgart geboren, wuchs er gemeinsam mit drei Geschwistern in Calw auf, wo der Vater die Pfarrstelle übernommen hatte. Hier erlebte er eine abenteuerliche Schulzeit, denn ihm fehlte die Ernsthaftigkeit zum Lernen. Am Ende der 10. Gymnasialklasse verloren die Eltern die Geduld. Sie verordneten ihrem chaotischen Erstgeborenen eine handfeste Ausbildung: die Lehre zum Werkzeugmacher.

Heute meint Keppler lachend, dies sei genau die richtige Entscheidung gewesen. Er hatte das Glück, an einen Lehrmeister zu geraten, der ihm den Kopf gerade rückte und ihm die Grenzen seines eigenen Verhaltens zeigte. Schnell wurde ihm klar, daß er im Leben etwas bewegen wollte und ihm dies als einfacher Arbeiter wohl nicht gelingen würde. Er erwarb die Fachhochschulreife und machte anschließend als Zivildienstleistender auf einer Intensivstation für AIDS- und Krebspatienten der Universitätsklinik Tübingen eine zweite wichtige Erfahrung.

Der Umgang mit Schwerstkranken und die Begleitung Sterbender war vom technischen Umfeld sogenannter Life Islands geprägt, die beispielsweise Leukämie-Patienten mit einer Knochenmarktransplantation das Weiterleben ermöglichten. Hier wuchs in ihm der Wunsch, Medizintechnik zu studieren – ein damals an deutschen Hochschulen eher seltenes Fach. Winfried Kepplers Wahl fiel auf die Fachhochschule Ulm. Er genoß die Zeit des Studierens in vollen Zügen und auf Kosten des Erfolgs. Daß er die Hochschule am Ende als Maschinenbau-Ingenieur verließ, verdankte er den ungeschminkten Worten seines E-Technik-Professors, die ihm die Augen für die eigene Verantwortlichkeit hinsichtlich Erfolg und Mißerfolg öffneten.

Seine gesamte berufliche Entwicklung sei ausgesprochen lehrreich gewesen, zieht Keppler Resümee: die gemeinsame Zeit mit Joachim Lang beim Ingenieur-Dienstleister Ferchau, die harten ersten Jahre der Unternehmensgründung von euro engineering, bei denen es darum ging, mit hohem persönlichen Einsatz Aufträge zu akquirieren und Risiken zu minimieren, ebenso wie die expansive Phase, bei der es immer wieder auch die Unternehmensstrategie zu überdenken galt. Und er bekennt freimütig, es hat Spaß gemacht – so viel Spaß, daß er jetzt wieder in den Startlöchern steht, um zum zweiten Mal ein eigenes Unternehmen aufzubauen.

Mit Anfang Vierzig ohne existentielle Sorgen hätte er sich auch dem Müßiggang hingeben und mit seiner hochseetauglichen Yacht durch die Weltmeere schippern können. Der Inhaber des Kapitänspatents hat sich jedoch anders entschieden: Die Yacht bleibt dem familiären Freizeitvergnügen am Bodensee vorbehalten, und Keppler selbst besinnt sich auf seine fachlichen Stärken.

Mit der Gründung von engineering people kehrt er zum Basisgeschäft zurück. Mit fünf festen Mitarbeitern und einem Netzwerk von Partnern und Subunternehmern bietet er Ingenieur-Dienstleistungen in der Entwicklung und CAD-Konstruktion mechanischer Komponenten sowie Projektmanagement und Beratung im IT-Umfeld an und setzt auf einen erfolgreichen Geschäftsverlauf nach einem Jahr. Seine branchenspezifischen Kontakte, die Freundschaft mit Joachim Lang und sein Vertrauen in die eigene Leistungsfähigkeit lassen ihn optimistisch in die Zukunft blicken.

Das Interview zum Porträt führte die Autorin im Januar 2003. Das Unternehmen engineering people ist mittlerweile auf 60 Mitarbeiter angewachsen. Neben seiner Ulmer Zentrale verfügt es über ein technisches Büro in Neu-Ulm und eine Niederlassung in Stuttgart für Dienstleistungen im medizinischen Umfeld. Und Winfried Kepplers eigener Nachwuchs erhöhte sich durch ein Töchterchen auf die stolze Zahl Drei. Fotos: privat (S. 30), Nadja Wollinsky (S. 33)

Marco Senger

Nachrichtengerätemechaniker
Bundeswehrfahrlehrer
Bundeswehrfachschule Ulm
Studium Technische Informatik 1992-96

seit 1996
Geschäftsführender Gesellschafter bei
KSR EDV-Ingenieurbüro, Bibertal

Wenn der Ehrgeiz erwacht

Als junger Mann nicht reif zu sein für ein Studium, ist für Marco Senger kein Manko. Der 43-jährige Mitgesellschafter eines Ingenieurbüros für EDV-Dienstleistungen bei Günzburg bereut keine seiner Zwischenstationen auf dem Weg zum Unternehmer. Mit dem Hauptschulabschluß in der Tasche war erst einmal die Lehre zum Nachrichtengerätemechaniker angesagt. Ums Geldverdienen sei es ihm gegangen und um die Freiheit, verschiedenes ausprobieren zu können. Die Gastronomie habe er genauso kennengelernt wie das Arbeiten als freiberuflicher Redakteur für den Regionalsport in der Donau-Zeitung Dillingen.

In den 80er Jahren wurde die Bundeswehr zu seiner zweiten Heimat. Beim Fernmeldebataillon 210 in Dillingen erfüllte Marco Senger sich den lang gehegten Wunsch, mit Menschen umzugehen. Als Bundeswehrfahrlehrer bildete er Soldaten auf LKW und Kraftomnibussen aus mit dem eigenen Ziel im Blick, Berufssoldat zu werden. Daß daraus nichts wurde, habe er letztlich zwei Menschen zu verdanken, meint er heute rückblickend: seinem Ausbilder und seiner Frau.

Nachdem er für die Fachoffizierslaufbahn an der Bundeswehrfachschule die Fachschulreife erworben hatte, überzeugte ihn einer seiner Lehrer mit dem knappen Satz: Da ist doch mehr drin! Sengers Ehrgeiz war geweckt, und mit familiärem Rückhalt war der künftige Weg klar: zunächst die Fachhochschulreife erwerben und dann an der Fachhochschule Ulm studieren.

"Sich die *Freiheit* nehmen, etwas auszuprobieren"

Anfang Dreißig und mit der Verantwortung für eine Familie studiert man anders, als wenn man ungebunden ist. Marco Senger ließ nichts schleifen und gibt heute unumwunden zu, daß die bedingungslose Unterstützung durch seine Frau für ihn der wichtigste Motor war. Die Jahre an der Ulmer Fachhochschule sind ihm noch gut in Erinnerung. Besonders schätzt er den Anwendungsbezug des Studiums, und sein eigener technischer Background habe ihm den Zugang zu den Studieninhalten leicht gemacht. Doch der wirkliche Sprung ins kalte Wasser stand ihm noch bevor. Als er nach dem Examen in die Firma K&R Unternehmensberatung eintrat, für die er bereits während des Studiums als freier Mitarbeiter tätig war, setzte er alles auf eine Karte. Er investierte seine gesamten Ersparnisse in ein Unternehmen, das fortan als KSR EDV-Ingenieurbüro firmiert.

Das R im Firmenkürzel steht für Peter Ringhut, ebenfalls Absolvent der Fachhochschule Ulm und Ex-Kommilitone, was Sengers Entschluß zur Selbständigkeit sicherlich erleichtert hat. Der damalige Drei-Mann-Betrieb hat inzwischen expandiert und beschäftigt heute 27 Mitarbeiter. Die Firma entwickelt Software vorzugsweise für Automobilbetriebe wie Karosserie- und Lackfachbetriebe, freie Werkstätten und Autohäuser. Mit Eurotax-Schwacke hat sich inzwischen ein stiller Gesellschafter eingekauft, der KSR-Software zur Fahrzeugbewertung in ganz Europa einsetzt.

Die Karte hat gestochen, vor allem auch weil KSR in den Augen Sengers, der für Vertrieb, Marketing und Key-Account verantwortlich ist, konservativ geführt wird. "Wir sind in den Boom-Jahren der New Economy nicht reich geworden, aber uns gibt es heute noch", lautet sein stolzes Statement.

Und stolz ist der Selfmade-Mann auch darauf, daß er immer wieder Zeit findet, sich seiner Familie und seinem Sport zu widmen: Tennis im Sommer und Tischtennis im Winter im mannschaftlichen Wettkampf. Das Geheimnis für seinen Erfolg bringt Marco Senger denn auch auf einen einfachen Nenner: Zufriedenheit bei allem, was man macht!

Das Interview führte die Autorin im Januar 2004.
Fotos: privat (S. 34), Nadja Wollinsky (S. 37)

Horst Simanek

Stahlbauschlosser
Zweiter Bildungsweg und Wehrdienst
Studium Maschinenbau 1974-78
EMAG Maschinenfabrik Salach
STAMA Maschinenfabrik Schlierbach

seit 1982
YAMAZAKI MAZAK Deutschland Göppingen
derzeit Vertriebsleiter Süddeutschland

Gewinnen – mit Disziplin und Verantwortung

"Done in One" lautet einer der Slogans, hinter dem Horst Simanek als Vertriebschef des japanischen Werkzeugmaschinenbauers YAMAZAKI MAZAK mit dem Verantwortungsbereich Süddeutschland voll und ganz steht. Allerdings trifft dies nicht auf den Lebensweg des gebürtigen Geislingers zu. Er, der sich selbst als Workaholic bezeichnet, mußte sich Schritt für Schritt seine berufliche Domäne erobern.

Etwas Handfesteres als die Post, bei der die Mutter von Horst Simanek arbeitete, sollte es schon sein. Das meinte zumindest sein Klassenlehrer, als es am Ende der Volksschulzeit um die Berufswahl ging. Beim Umgang mit dem Märklin-Baukasten hatte der junge Simanek bereits seine Geschicklichkeit beim Bau von Baggern erprobt und ein Nachbar, der als Betriebsschlosser bei WMF arbeitete, seine Bewunderung erweckt. Folglich ließ der weitsichtige Volksschullehrer seine Beziehungen über seine Tochter spielen und verschaffte dem Heranwachsenden eine Lehrstelle bei der Firma Stahlbau Süssen.

Horst Simanek absolvierte so mehr zufällig als gewollt seine Schlosserlehre. Noch heute, so meint der 55-jährige drahtige Maschinenbau-Ingenieur, klängen ihm die Worte seines damaligen Lehrmeisters im Ohr. Der meinte im Hinblick auf das kräftezehrende Handwerk eines Stahlbauschlossers: "Simanekle, daß Du mir den Hammerberuf nicht ein Leben lang machst!" Folglich war Weiterbildung angesagt. Der Technisch-Interessierte holte gemeinsam mit Freunden in der Abendschule die Mittlere Reife nach und ging ein Jahr lang auf das Gymnasium, bis ihn der frühe Tod seines Vaters psychisch aus der Bahn warf und er dem Ruf der Bundeswehr folgte.

"Führen durch Vorbild – nur das bringt uns gemeinsam ans Ziel."

Dennoch – Horst Simanek war klar, daß es nur durch eigenes Tun ein Voran gab. Da er nach der 11. Klasse das Gymnasium verlassen hatte, fehlte ihm der direkte Zugang zum Studium. An der Fachhochschule Ulm nutzte er die Möglichkeit, die Fachhochschulreife durch ein Vorstudium zu erwerben. Die anschließenden vier Jahre Maschinenbaustudium waren für ihn die schönste Zeit seines Lebens, begeistert sich Horst Simanek heute noch. Das Lernen und Forschen habe ihm soviel Spaß gemacht, daß er den Termin für das Abschlußfoto seines Studienjahrgangs verpaßte. Hin und wieder verspüre er sogar Heimweh, und es ziehe ihn nach Ulm, um den alten Campus zu besuchen.

Seinen ersten Job hatte Horst Simanek bereits nach dem Praxissemester bei EX-CELL-O in der Tasche; sein damaliger Betreuer nahm ihn mit zu EMAG. Unter seinem Vorgesetzten und dessen Nachfolger konnte er sich jedoch nicht so entfalten, wie es seiner Leistung entsprach, weshalb er bald zu STAMA als Projektingenieur wechselte. Als er hier mit ähnlichen Problemen zu kämpfen hatte, entdeckte er eines Morgens in der Zeitung eine auffällig schwarze Anzeige, die sein Leben entscheidend verändern sollte: Das japanische Familienunternehmen YAMAZAKI MAZAK suchte junge dynamische Ingenieure, um eine deutsche Niederlassung aufzubauen. Und Horst Simanek durfte von der Pike auf dabei sein.

Als MAZAK-Urgestein hat Horst Simanek die japanische Unternehmensphilosophie verinnerlicht, die da heißt "Gemeinsam sind wir erfolgreich". Führen durch Vorbild ist seine Strategie, indem er das vorlebt und wiederholt in Worte faßt, was er von seinen Mitarbeitern erwartet. Er war mit von der Partie, als MAZAK die erste Drehmaschine mit einem Dialog-CNC-System in den Markt einführte. Der Slogan "Done in One" steht synonym für den Trend, Fertigungsprozesse unterschiedlicher Art auf einer einzigen Maschine auszuführen. MAZAK ist heute weltweit die Nummer Eins unter den reinen Werkzeugmaschinenbauern und hat aus Gründen der Kundennähe inzwischen in Göppingen eine eigene Entwicklungsabteilung aufgebaut. Die Krone des technischen Fortschritts ist für Simanek das Mehrseiten-Bearbeitungszentrum, das er erstmals auf der AMB 2004 in Stuttgart der Welt präsentieren konnte.

Teamgeist, Kampfgeist, Ausdauer und Disziplin sieht Horst Simanek, der inzwischen auch als Ausdauersportler seine Leistungsgrenzen ausreizt, als tragende Säulen des persönlichen und beruflichen Erfolges. Als Ehemann und Vater einer erwachsenen Tochter weiß er, daß er die Familie mit seinem egozentrierten Power-Play zeitweise überfordert hat. Dennoch steht sie zu seinem Lebensentwurf. Er selbst regeneriert sich beim Langstreckenlauf und betreibt konsequentes Aufbau-Training, um in Wettbewerben wie beim 24-Stunden-Schwimmen der DLRG Süssen zu brillieren. Im Jungsenioren-Alter brachte er es bei mehr als 300 Teilnehmern mit 40 000 Metern zurückgelegter Schwimmstrecke auf den zweiten Platz. Und er ist überzeugt, daß noch mehr in ihm steckt – sportlich wie geistig. Zur Zeit beschäftigt ihn die Vision, rechtzeitig der jungen Generation das Ruder zu überlassen und die eigene intellektuelle Erfüllung zu suchen – vielleicht sogar gekrönt durch einen Doktorhut.

Das Interview führte die Autorin im September 2004.
Fotos: Nadja Wollinsky

Joachim Tschira

Informationselektroniker
Fachhochschulreife
Studium Industrieelektronik 1986-90
Ingenieur bei Bühler + Scherler St. Gallen
und Staefa Control System Stäfa
Product & Technical Management bei
Siemens Building Technologies Zug
Nachdiplom-Studium Wirtschaftsingenieur
Private Hochschule Wirtschaft St. Gallen 1998

Leiter Marketing Support Europe bei
Siemens Building Technologies Männedorf
Leiter Marketing bei Sauter Building Control Basel

seit 2002
Geschäftsführer der MIB AG Winterthur

Executive Master of Business Administration
Universität Zürich/University of Stanford 2003

Studieren, um sich selbst zu finden

Ein Neubau im schweizerischen Winterthur, in seiner architektonischen Anmutung dem Behnisch-Bau der Fachhochschule Ulm nicht unähnlich, ist seit kurzem das berufliche Zuhause von Joachim Tschira. Als Geschäftsführer einer Niederlassung der MIB AG Property and Facility Management mit insgesamt 100 Mitarbeitern ist er verantwortlich für die Geschäfte in der Region Zürich und Ostschweiz. Schwitzerdütsch geht dem gebürtigen Lörracher ebenso flüssig über die Lippen wie Hochdeutsch und Englisch, war es doch quasi seine Muttersprache im alemannischen Teil Badens. Wen wundert es da, daß er inzwischen mit einer Schweizerin verheiratet ist und mit dem gemeinsamen kleinen Sohn am Zürichsee lebt.

Die Frage, wie sein Lebensweg aussehen sollte, hatte Joachim Tschira schon früh beschäftigt. Bereits während seiner Lehre zum Informationselektroniker erkannte er, daß das Kabelziehen nicht seine Welt ist. Er holte die Fachhochschulreife nach und entschied sich gegen den Willen seiner Eltern für ein Studium. Er strebte raus aus der dörflichen Enge seiner Heimat und bereiste die in Frage kommenden Studienorte. Der Sprung von Lörrach nach Berlin schien ihm emotional zu groß, weshalb seine Wahl letztlich auf das beschaulichere Ulm fiel. Vier Jahre lang bildeten nun der Campus Prittwitzstraße, das Studentenheim in der Gutenbergstraße und die nahe gelegenen Kneipen und Cafés das magische Quadrat für eine Art erste Selbstfindung.

"Starre Systeme sind mir zuwider – Weiterbildung *gehört zu meinem Leben."*

Der Vielinteressierte machte die Erfahrung, daß sein Herz nicht unbedingt für die Ingenieurwissenschaften im allgemeinen und die Industrieelektronik im besonderen schlug. "Ich hatte nicht einmal einen eigenen PC wie alle meine Kommilitonen" bekennt er freimütig.

Stattdessen ging er seinen geisteswissenschaftlichen Neigungen nach und las in der Stammkneipe Hegel und Heidegger, während seine Studienkameraden mit Mathematik-Professor Max Riederle Schafkopf spielten. Seine Talente am ehesten zu schätzen wußte der Philosoph unter den Ulmer Fachhochschul-Professoren, Dr. Horst Krämer, der ihn mit einer wegweisenden Aussage beeindruckte: Nicht die Prüfungsbesten werden die Besten im (beruflichen) Leben sein. Und so startete Joachim Tschira mit einem ersten Studienabschluß in der Tasche in eine neue Phase der Selbstfindung.

Die Welt kennenzulernen, stand fortan auf Tschiras Lebensprogramm. Als Diplom-Ingenieur für Industrieelektronik faßte er zunächst Fuß in der Elektroplanung und der Gebäudeleittechnik. Bei Unternehmen, die später zum Siemens-Konzern gehörten, erhielt er schnell die Verantwortung für Support-Dienstleistungen in Europa, wobei die berufliche Spezialisierung auf Marketing und Verkauf zielte.

Als eine besonders wertvolle Erfahrung empfindet er heute den Aufbau einer Landesgesellschaft in Dubai für die Siemens Building Technologies AG, bei der er damals als Leiter Product & Technical Management die Verantwortung für den Mittleren Osten hatte. Diese Aufgabe stand in unmittelbarem Zusammenhang mit dem Bau des einzigen Sieben-Sterne-Hotels der Welt, des luxuriösen und mit vollautomatisierter Haustechnik ausgestatteten Burj al Arab in Dubai.

Große Namen gehören auch zum Kundenstamm der MIB AG, deren Ostschweizer Niederlassung Joachim Tschira seit zwei Jahren leitet. Für die Swiss Credit Group beispielsweise betreut das Unternehmen repräsentative Liegenschaften am Zürcher Paradeplatz und anderswo, angefangen von der technischen Instandhaltung über den Energiereport bis zur Vermietung. Am Standort Winterthur bildet derzeit die Umnutzung des ehemaligen Industriegeländes der Firma Sulzer eine neue Herausforderung.

Auf seinem Weg zur Selbstfindung hat Joachim Tschira nicht vergessen, sein eigenes Profil zu schärfen. Die Fachhochschule Ulm, die Hochschule St. Gallen sowie die Universitäten Zürich und Stanford markieren seine Bildungsstationen. Ihm, dem starre Systeme zuwider sind, war von vornherein klar, daß Weiterentwicklung etwas mit Qualifizierung zu tun hat. Und gerade der Master of Business Administration, den ihm die MIB AG finanzierte, ist für ihn von besonderem Mehrwert: das Erleben eines amerikanischen Campus und die Auseinandersetzung mit Führungsmethoden aus den verschiedensten Blickwinkeln seiner Kommilitonen – vom General der Schweizer Armee über die Rektorin der Hochschule Luzern und verschiedene CEO schweizerischer Unternehmen bis zum Vorstandsmitglied von Hoffmann-LaRoche – stärken sein Selbstvertrauen im Umgang mit Führungsproblemen von morgen. Für den 41-jährigen ist dieser Höhepunkt seiner Karriere noch lange kein Schlußpunkt. Wohin ihn sein Lebensprogramm noch führen soll, wollte er allerdings nicht verraten.

Das Interview führte die Autorin im August 2004. Im Herbst 2005 hat Joachim Tschira eine neue Herausforderung angenommen und ist seitdem als Direktor für die Geschäfte der Building Technologies Group der Schweizer SIEMENS-Niederlassung im asiatisch-pazifischen Raum verantwortlich. Fotos: Nadja Wollinsky

Othmar Welti

Karosseriespengler
Matura
Studium Leichtbau/Fahrzeugtechnik 1984-88
Technischer Leiter bei Simon Fahrzeugbau
Berechnungsingenieur bei Sauber
Renningenieur bei KMS
Renningenieur für Bemani

seit 2000
Geschäftsführer von Swiss Racing Team

Leidenschaften ums Automobil

Der Schweizer Othmar Welti liebt die Herausforderung, die der Maschinen ebenso wie die des Lebens. Als Teamchef des Formel-Drei-Rennstalls Swiss Racing Team ist er die meiste Zeit des Jahres mit seinen Ingenieuren, Technikern und Rennfahrern unterwegs zu den Rennstrecken des Formel-Drei-Zirkus, dem Sprungbrett für die jungen Talente in die Formel Eins. Daß er heute die volle Verantwortung für die Konkurrenzfähigkeit eines Rennstalls, angefangen bei der Motorenentwicklung bis hin zum Sponsoring trägt, war ihm sicherlich nicht vorbestimmt; doch eine gewisse Leidenschaft zu allem, was mit Motorrad und Automobil zusammenhängt, prägte bereits seine Jugend.

Aus einer Arbeiterfamilie in Sarnen stammend, erlernte Othmar Welti zunächst das Handwerk des Karosseriespenglers. Bald war ihm klar, daß er vom Leben mehr erwartete, und er suchte nach Wegen für einen Hochschulzugang. Eine Begegnung mit Klaus Kusior, Entwicklungsingenieur bei BMW und Absolvent der Fachhochschule Ulm, führte den damals 24-jährigen direkt an die Ulmer Ingenieurschmiede. Der "Schweizer", wie ihn seine Kommilitonen nannten, hatte in seiner Heimat seinerzeit keine Möglichkeit, eine dem deutschen Fachhochschul-Studium ebenbürtige Qualifikation zu erlangen.

An die Professoren erinnere er sich gut – es fallen Namen wie Volkmar Schuler, bei dem Othmar Welti seinen Schweißfachingenieur machte, Günter Willmerding, Max Riederle und auch Siegfried Stief, der ihm wegen seiner mangelhaften Mathematikkenntnisse einen schnellen Abgang prophezeite. Dieser Stachel, so

"Mich fasziniert die ganzheitliche technische Optimierung der Maschine"

Rennstallbesitzer Welti heute, sei ihm Ansporn genug gewesen, um das Grundstudium sicher zu absolvieren und im Hauptstudium als erfahrener "Automobiler" zu glänzen.

Ihn interessiere nicht die Schnelligkeit oder das Auto an sich, sondern die ganzheitliche technische Optimierung einer Maschine auf ihre Höchstleistung hin, schildert Othmar Welti seine eigene Motivation. Bereits während des Studiums entwickelte er für ein italienisches Unternehmen einen Lastkraftwagen, der heute noch im Mittelmeerraum gebaut wird. Danach stieg er direkt als Konstruktionsleiter in eine Nutzfahrzeugbaufirma ein, um wenige Jahre später neue Herausforderungen im Rennwagenbau und Formel-Eins-Zirkus zu suchen.

Der Schweizer Formel-Eins-Rennstall Sauber war sein nächster Arbeitgeber, Fahrer wie Heinz-Harald Frentzen und Michael Schumacher waren seine Partner auf dem Weg zum Erfolg. Nach sechs Jahren stieg er in die Formel Drei ein, arbeitete mit Jarno Trulli, Norberto Fontana, Timo Schneider und Marcel Fässler. Mehr als 30 Formel-Drei-Siege hat Othmar Welti mit "eingefahren", zwei Mal wurde er Deutscher Formel-Drei-Meister und Vizemeister – dann wagte er den Schritt in die Selbständigkeit.

Der Teamchef von Swiss Racing Team sieht sich heute sowohl als Ingenieur wie als Psychologe. Dem Fahrer den Kopf freimachen und die Mechaniker so zu motivieren, daß das Team die Höchstleistung bringen kann, ist sein Ziel. Und bei all der Hochspannung an den Boxen vor Ort gilt es den Überblick zu behalten. Mit den Jahren sei er ruhiger geworden, doch gäbe es auch heute noch Momente, die an die Nerven gingen, wie unlängst bei einem Rennen in Asien. Eine Dreiviertelstunde lang auf dem Monitor die Bergung seines verunglückten leblosen Fahrers zu beobachten, ohne zu wissen, ob dieser noch lebe, sei hart.

400 bis 500 Tausend Euro muss so ein Fahrer mitbringen, damit er überhaupt in ein Team aufgenommen wird. Sponsorengelder einwerben und mit den Fahrern verhandeln ist neben der Arbeit am Rennwagen Weltis Hauptgeschäft in der rennfreien Zeit zwischen November und April. Ein Titel fehlt ihm noch und darauf arbeitet er zielstrebig hin: die Formel-Drei-Meisterschaft in der Euro-Serie

Und der Privatmann Othmar Welti? Es gibt ihn – als Vater, und jüngst auch als Großvater. Er genießt diese Rollen, auch wenn seine während der Ulmer Zeit allen Belastungen gewachsene Ehe letztlich heute nicht mehr besteht. Entspannung von der beruflichen Hektik findet er in seinem Luzerner Domizil. Dann heißt es Handy aus und Verstärker an, denn Othmar Welti greift gerne zu E-Gitarre und Keyboard, um Rock und Hardrock wieder aufleben zu lassen – eine Musik, fast genauso intensiv wie Motorengeräusch!

Das Interview zum Porträt führte die Autorin im Dezember 2003. Fotos: Nadja Wollinsky

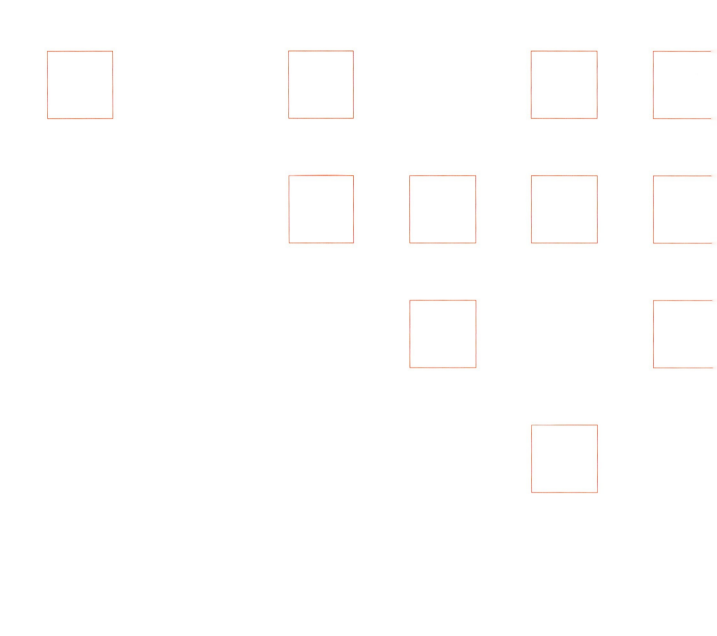

Zur Geschichte der Fachhochschule Ulm

Ingenieure braucht die Welt

Vielleicht auch die Welt, aber noch viel mehr Deutschland bedurfte in den ersten Jahrzehnten nach Kriegsende qualifizierter Techniker und Ingenieure für den Wiederaufbau. Der steigende Bedarf läßt sich anschaulich an einer Zahl aus Ulm zeigen. Allein in den zehn Jahren zwischen 1950 und 1960 stieg dort die Anzahl der Beschäftigten im produzierenden Gewerbe von 16 000 auf 30 000. Auf den Mangel reagierte das Land Baden-Württemberg mit der Neugründung von Staatlichen Ingenieurschulen, die damals gemeinsam mit den Technischen Universitäten den Ingenieurnachwuchs ausbildeten. Bereits 1958 beschloß der Ministerrat, daß in Ulm die erste von sechs neuen Ingenieurschulen gegründet werden wird.

Und 1960 war es soweit: In einem Provisorium in der Sägefeldschule Wiblingen begann die Staatliche Ingenieurschule Ulm (SISU) mit dem Unterricht. Ab April bereiteten sich die ersten 90 Studienanfänger mit Volksschulabschluß und Lehre auf den Realschulabschluß vor, um im Wintersemester mit einem Studium beginnen zu können. Als einzige Neugründung gelang es der SISU, vier Studiengänge gleichzeitig aufzubauen: Maschinenbau mit Schwerpunkt Konstruktion oder Fertigung, Nachrichtentechnik und Feinwerktechnik.

Als am 27. Mai 1960 die SISU mit einem Festakt im Ulmer Rathaus offiziell eröffnet wurde, war bereits klar, daß die Wiblinger Barackenkultur durch einen angemessenen Neubau abgelöst werden wird. Zu Beton statt Brettern verhalf 1963 ein Entwurf des Stuttgarter Architekten Günther Behnisch, der aufgrund seiner revolutionären Ausführung inzwischen Baugeschichte ist. Trotz zwei weiterer Standorte ist dieser Gebäudekomplex in der Prittwitzstraße noch immer das Herzstück der Hochschule.

Der Ausbau der Ingenieurschule schritt zügig voran. Wenn es klemmte, sprang der Förderverein ein wie beim Bau der Leichtbauhalle. 1965 wurde das Studienangebot um den Studiengang Stahl- und Leichtbau erweitert. Doch Unruhe-Jahre drohten: Die Ausbildung an den deutschen Ingenieurschulen erfüllte nicht die Normen der EWG-Richtlinien. Die Gefahr einer Abwertung des Ing. (grad.) vor Augen, gingen 1968 die Studierenden auf die Straße. Sie forderten die Eingliederung der Ingenieurschulen, die bislang der Schulverwaltung im Kultusministerium unterstellt waren, in den Hochschulbereich.

Reform war angesagt. Unter dem Druck der 68er wurden hochschulpolitische Weichen für mehr Abiturienten und bessere Studienbedin-

gungen gestellt, die Lehrpläne der SIS überarbeitet. Statt sechs Semester verhalfen nun acht zum graduierten Ingenieur, indem zwei Industriesemester in das Studium integriert wurden.

Am 04. Dezember 1972 wurde die Ingenieurschule formal in die Fachhochschule Ulm überführt. Die neue Hochschule ist als Körperschaft des öffentlichen Rechts dem Wissenschaftsministerium unterstellt, besitzt Wahlgremien, Studentenvertretung sowie Freiheit in Forschung und Lehre. Professor Josef Hengartner, der zuvor die SISU geleitet hatte, lenkte als erster Rektor der Fachhochschule Ulm die weitere Entwicklung und baute das Studienangebot aus. Nachdem noch die SISU 1970 die Studiengänge Produktionstechnik und Technische Informatik eingeführt hatte, folgten 1977 Fahrzeugtechnik und Industrieelektronik. Die Studentenzahlen entwickelten sich positiv. In der Übergangsphase waren sie zwar zunächst leicht eingebrochen, da sich die Zugangswege *Allgemeine Hochschulreife* und *Fachhochschulreife* anstelle von *Mittlerer Reife* erst durchsetzen mußten. Bereits 1976 aber überstieg die Anzahl der Studierenden die ursprünglich vorgesehene Kapazitätsgrenze von 850.

Zu Beginn der 80er Jahre wurde unter den Vorgaben des Hochschulrahmengesetzes der Ing. (grad) durch den akademischen Grad eines Diplom-Ingenieurs – wie an den Technischen Universitäten üblich – ersetzt. Dennoch wurden die Fachhochschulen keine kleinen Universitäten. Der Zusatz FH im Titel mauserte sich vielmehr zum Markenzeichen eines neuen eigenständigen Hochschultyps, der mit der Zeit in ganz Europa Nachahmer fand.

Mitte der 70er hatte sich angebahnt, was zur Leitlinie des Entwicklungstrends in den 80ern werden sollte: die Zusammenarbeit mit der Wirtschaft. Den Anfang machte die Einrichtung des "Technischen Beratungsdienstes" der Steinbeis-Stiftung für Wirtschaftsförderung an der Fachhochschule Ulm. Vom Land unterstützt, sollte die Stiftung baden-württembergischen Unternehmen das Know-how von Fachhochschul-Professoren erschließen. 1984 wurde als erstes von heute 14 Steinbeis-Transferzentren das STZ Mikroelektronik an der Fachhochschule Ulm eingerichtet. Der Technologietransfer nahm auf diesem Wege eine vehemente Entwicklung. Den letzten offiziellen Zahlen zufolge erzielte er 1994 an der Fachhochschule Ulm einen Umsatz von circa 15 Millionen Mark.

Anwendungsorientierte Forschung – innovationsträchtig, aber risikobehaftet – wird ab 1989 zu einer weiteren Quelle des Wissens- und Technologietransfers. Damals entstehen durch ein Sonderprogramm des Landes Baden-Württemberg hochschuleigene Institute für Innovation und Transfer, die später in Institute für Angewandte Forschung umbenannt werden. Die Fachhochschule Ulm beherbergt zwei dieser Einrichtungen mit den Forschungsschwerpunkten Medizintechnik und Automatisierungssysteme. Sie kooperieren mit der Industrie und konkurrieren mit anderen Instituten um Forschungsgelder der öffentlichen Hand. Aber auch das Thema Weiterbildung wurde mit der Gründung der Technischen Akademie institutionalisiert, welche die Hochschule gemeinsam mit der IHK Ulm und Wirtschaftsunternehmen 1989 vollzog.

Unter dem Rektorat von Professor Karl Xander, der 1980 Josef Hengartners Nachfolge angetreten hatte, wurden auch anderweitig Akzente gesetzt. So übernahm die Fachhochschule Ulm die Federführung für ein landesweites Programm zur Einführung von CAD/CAM an Fachhochschulen. Mit einem wegweisenden Ausbildungskonzept für Datenschutzbeauftragte schlüpfte sie in eine bundesweite Vorreiterrolle. Die neuen Studiengänge Automatisierungstechnik und Medizintechnik erweiterten das Studienangebot. Und das Ausland begann langsam eine Rolle zu spielen, zumal an ausländischen Hochschulen die Weiterqualifikation der Fachhochschulabsolventen leichter möglich war als in Deutschland. Das Polytechnikum im englischen Plymouth und das Hubei Automotive Industries Institute im südchinesischen Shiyan sowie ein deutsch-französischer Doppelabschluß waren die Wegbereiter.

Die 90er Jahre brachten neue Herausforderungen: sinkende Studentenzahlen, mehr Wettbewerb und die Globalisierung der Märkte. Professor Dr. Günther Hentschel, der 1989 Karl Xander als Rektor ablöste, schärfte das Profil der Fachhochschule Ulm und antwortete mit regionalen und internationalen Allianzen sowie mit mehr Service. Im Zeichen des Aufbaus der Wissenschaftsstadt Ulm schloß die FHU mit der Universität Ulm einen Kooperationsvertrag. Resultate waren zum Beispiel der Lehrimport aus der Medizinischen Fakultät für den Studiengang Medizintechnik oder die erfolgreiche Einrichtung des Schwerpunktes Energietechnik am Standort Böfingen.

Eine einzigartige Allianz ging die Fachhochschule Ulm mit der neuzugründenden Fachhochschule Neu-Ulm auf der anderen Seite der Donau ein. In einem Vertrag regelten Baden Württemberg und Bayern die Zusammenarbeit beider Hochschulen, die 1995 den gemeinsamen Studiengang Wirtschaftsingenieurwesen ins Leben riefen. Ein weiteres Kind dieser Symbiose wird der Studiengang Wirtschaftsinformatik im nächsten Wintersemester sein.

Um neue Anreize für ein Ingenieurstudium zu schaffen, hat sich die Fachhochschule Ulm gemeinsam mit der IHK Ulm und der Berufsschule Ulm an ein neues Modell der dualen Ausbildung gewagt. Und weitere Spezialitäten im Lehrangebot zeigen, wo die Reise hingeht – weg von der puren Technik und hin zu mehr Dienstleistung. Den Anfang machte der Studiengang Medizinische Dokumentation und Infor-

matik, durch den die Hochschule ihre Frauenquote drastisch steigerte. Der Bachelor-Studiengang Digital Media zielt in dieselbe Richtung und ist die erste Antwort auf den Internationalisierungsdruck.

Für mehr Dienstleistung wurden auch im eigenen Haus – und das bereits zu Beginn der 90er Jahre – die Voraussetzungen geschaffen. Dank erfolgreich durchlaufener Pilotprojekte verfügte die Fachhochschule Ulm frühzeitig über eine moderne Managementstruktur für die Bereiche Internationale Kontakte, Wissenschaftskommunikation und Marketing sowie Weiterbildung.

Wenn ein Rückblick für die Zukunft stark machen soll, darf eine Tatsache nicht fehlen: Mehr als 10 000 Absolventen haben bis heute die Fachhochschule Ulm verlassen und ihren Weg im Berufsleben gemacht – ob als Angestellte, Führungskräfte oder Unternehmer. Mit neuen Impulsen will die Hochschule auch künftig zur wirtschaftlichen Entwicklung beitragen – und mit ihrem höchsten Gut: einer fundierten, praxisnahen Ausbildung für die junge Generation. Denn heute braucht nicht nur das Land Ingenieure, sondern es braucht sie für die ganze Welt.

Autoren: Dr. Ingrid Horn und Prof. Dr. Albert Haug.

Albert Haug war stellvertretender Direktor der Staatlichen Ingenieurschule Ulm und Prorektor der Fachhochschule Ulm. Er lehrte von 1960 bis 1989 als Professor im Fachbereich Elektrotechnik. Der Aufsatz erschien aus Anlaß des 40jährigen Bestehens der Fachhochschule Ulm (1960 - 2000) im Hochschulmagazin "FHU-Life", Ausgabe 1/2000. Fotos: Südwest Presse, Resch (S. 53), Südwest Presse, F. Müssig (S. 55), Fachhochschule Ulm (S. 55)

Zur Person

Dr. Ingrid Horn

Biologin und freie Wissenschaftsjournalistin; zahlreiche Publikationen auf den Gebieten Neurowissenschaften, Biomedizin, Wissenschaftskommunikation, Hochschulmanagement und zur Beziehung zwischen Hochschule und Wirtschaft; 1990-1992 Dozentin für Wissenschaftsjournalistik und Public Relations an der Universität Ulm, seit 1991 verantwortlich für Wissenschaftskommunikation und Hochschulmarketing an der Fachhochschule Ulm

Nadja Wollinsky, B. Inf. Com.

Fotografin und Mediengestalterin, Absolventin des Bachelor-Studiengangs Digital Media und seit 2003 Mitarbeiterin im Stabsbereich Corporate Communications und Marketing (CCM) der Fachhochschule Ulm